MIRACLE TRES-FAMEVX N'AGVERES ARRIVÉ en la cité de Palerme,

D'vn enfant mis en pieces par sa propre mere ; Et remis en vie par le Seraphique Pere S. François.

Enuoyé de Milan par le R. P. FRANÇOIS HYBERNOIS, Predicateur Capucin, & premier Custode de la Prouince des Capucins aux Pays-Bas, au R. P. Gardien des Capucins d'Arras.

A PARIS,
Iouxte la copie imprimée à Douay par Charles Boscard, à la Bible d'Or.
M. DC. VIII.

AV LECTEVR DEVOT.

LEs arenes d'Affrique (disent les Cosmographes recuites par les ardeurs) d'esté, sont merueilleusement fertiles en plusieurs sortes de monstres, j'ose toutesfois dire que la nature humaine bruslée des concupiscences, est plus funestement feconde en nouuelles sortes de vices & pechez, si horribles & monstrueux, que c'est merueille qu'vne creature si noble, & qui porte en soy le crayon de la diuinité, qui prend du Ciel ſon origine, & qui eſt née pour le Ciel, produiſe des effects tant indignes de ſon extraction, & tant contraires à la fin de ſa creation. Ie laiſſe à part les pechez ordinaires du monde, leſquels pour eſtre trop familiers à la pluſ-part des hommes, n'apportēt deſormais plus ny eſtonnement, ny effroy, jaçoit qu'il n'y ait rien de plus mōſtrueux ny horrible. Combien de cas extraordinaires & treſ-enormes ſe commettent de iour à autre, qui nous ſeroient incroyables, ſi l'experience ne nous en faiſoit foy. Il n'y a rien (ce ſemble) plus impoſſible ny plus exorbitant que de trouuer vne mere auoir la main armée pour oſter la vie au fruict de ſon ventre, à raiſon dequoy le Prophete, *La Mere* (dit-il) *peut-elle bien oublier ſon enfant?* Et neantmoins combien de meres desnaturées & cruelles pour se garantir de la confusion & honte du mõde, & cacher leurs paillardises, forçant tous les plus puissans liens de nature, ont mis la main meurdriere sur leurs propres enfans. Les Tribunaux des Iuges en peuuent rendre bon tesmoignage, pour auoir eu trop souuent à punir semblables excez de cruauté: & le discours suiuant vous met deuant les yeux vne Mere autant mal-heureuse, pour auoir si vilainement soüillé ses mains du sang de son enfant, & son ame du plus detestable parricide qui fut jamais ouy, cõme elle a esté fortunée & heureuse, d'auoir veu la faute commise d'elle, reparée par vn miracle si grand que celuy qui s'ensuit, la nouuelle duquel m'ayant esté enuoyée par le Reuerend Pere François Hybernois, assez cogneu à Douay, Lille & ailleurs, où il a presché. Ie vous en ay bien voulu faire part, afin de faire croistre en vostre ame de plus en plus la deuotion au Seraphique Pere sainct François.

COPIE DE LA LETTRE DV R. P. FRANÇOIS HYBERNOIS au R. P. Gardien des P. P. Capucins d'Arras.

PAIX EN DIEV.

REVEREND *Pere, j'ay fait trouuer le miracle enclos, d'autant ou de plus grande merueille, & merite d'estre communiqué par delà, que celuy de la corde, mais ie crains que la composition ou narration aura peu de grace en François, n'est que l'on ait esgard au seul fait & matiere, obseruant le stil du Pays. L'on m'a faict parler icy au petit fils d'vn amy des Freres, lequel a six ans d'aage au plus, estant à l'aage de quelque annee & demie fut mort l'espa-*

ce de cinq heures à la veuë de tous, & sa mere luy voulãt lauer le corps, fut esmeuë fort extraordinairement de le recommander au Pere Sainct François, & au Bien-heureux Cardinal Boromeo, auec promesse de le vestir de nostre habit s'il ressuscitoit, & aussi tost fust rendu à vie, & santé parfaicte. Ses parens viuent encor: il va à l'eschole, aprend fort bien la doctrine Chrestienne ; Et ce miracle est authentique par ceux qui examinerent ceux du Cardinal Boromeo, mais il n'est pas imprimé encore. Je me recommande bien fort à vos prieres, & à tous vos Freres. De Milan, ce 7. de Nouembre l'an 1607.

Le tout vostre en Iesus Christ,
FR. F. Cap.

DIS-

DISCOVRS DV MIRACLE TRES-FAMEVX ADVENV EN LA *Cité de Palerme située au Royaume de Sicile.*

EN la tres-noble Cité de Palerme ſe retrouue vne noble famille & maiſon de Guidinelli, qui eſt en reputation, non ſeulemẽt pour l'ancienne nobleſſe, mais auſſi pour eſtre copieuſemẽt riche de biens temporels de cette maiſon eſtoit vne noble & deuote famille, à ſçauoir le Mary & Fẽme, de meſme cœur & volõté au ſeruice de Dieu noſtre Seigneur pour le ſalut de leurs ames, le mary s'appelle Iean, la femme Françoiſe, gẽtil femme de la Noble maiſon de Marzy en la meſme Cité, tous deux d'vne ame bonne & ſincere. Il peut à Dieu, qui regit toute choſe auec grande ſageſſe, de leur donner en peu de temps vn fils, auquel ils feirent porter le nom de François, l'esleuant & nourrissant auec tant d'amour & d'affection, qu'ils n'estoient à repos, sinon lors qu'ils l'auoient en leur presence.

L'esprit maling, maudit troubleur des ames deuotes & bõs Chrestiẽs, qui cherche tousiours nouueaux moyens, & diuerses tentations pour les faire tresbucher au peché, & specialement ceux qui sont deuots à nostre Seigneur à la glorieuse Vierge Marie, & au Seraphique Pere sainct François, voyant la susdite Damoiselle Frãçoise s'estre tellement addonnée à la deuotion de la Glorieuse Vierge, & du Seraphique Pere, qu'il ne la pouuoit par aucun moyen faire tomber au peché, apres luy auoir donné plusieurs alarmes de tres-grandes tentations, s'aduisa d'vne la plus estrange qui se peut iamais penser, afin de leur faire quitter la vie vertueuse, les faire tomber au peché, & puis les precipiter aux Enfers.

La Damoiselle Françoise apres auoir fait vn iour sa priere, medite & contemple deuotement la vie de son protecteur le Seraphique Pere sainct Frãçois auec vne telle deuotion, zele, & ferueur de charité & d'esprit, qu'elle en estoit de beaucoup renforcée contre le diable : leuée de l'oraison s'en va en la salle, pour donner ordre à la maison & ordonner aux seruiteurs ce qu'ils deuoient faire pour le seruice d'icelle, elle n'y est pas plustost entrée que son fils se vient soudain jetter entre ses bras, elle l'estraint tendrement, & le baise amiablement portée d'vn grandissime amour. Or comme elle tenoit ainsi son fils entre ses bras, le diable, qui ne chome ny repose jamais, depité d'auoir fait si longue guerre à la Damoiselle Françoise, sans auoir rien gaigné sur elle, luy met au cœur vn appetit si violent & si desordonné de manger chair humaine, que la Damoiselle vaincuë de la tentation, pour satisfaire à cette gourmandise si des-naturée & diabolique, se resout de dõner la mort de ses mains propres à son enfant : Elle entre donc en la chambre auec son fils, & elle qui ne souloit respirer qu'amour vers luy, remplie de cholere & de rage, transportée de la tentation du diable, comme vne femme nouuellement enceinte de ses appetits desreiglez, sans aucune pitié ou compassion de son propre sang arme ses mains cruelles pour executer cruellement ce qu'elle auoit cruellement pourpensé, & apres auoir fait cest acte si cruel & inhumain, & souïllé ses mains au sang innocent de son fils, elle partir en deux pieces le corps de l'enfant, met l'vne moitié en la broche pour la faire rostir, pend & accroche l'autre au plancher.

Tandis que les membres tendrelets de l'enfant se rostissoient. Dieu ne voulãt point que le diable la fit passer plus outre en ceste tragedie si sanglante, ny que le ventre fut le sepulchre de l'enfant qu'il auoit porté, voicy retourner au logis le pere, lequel entre dedans, & ayant quitté la cappe & l'espée, demãde incontinẽt apres l'enfant qu'il cherissoit si tendrement : la seruante qui entend son Maistre demãder apres son fils, maintenant respond elle, vne des moitiées de son corps est en broche, se cuit & se rostit, allez dans la cuisine, & vous y pourrez voir de vos yeux propres ce que ie dis, car Madamoiselle vostre compagne l'a elle mesme mis à mort.

O Pere mal-heureux! combien vous doit estre cruelle la nouuelle de ce desastre! Helas commẽt ne tombez vous mort de douleur; entrant en la cuisine il voit la moitié du corps de son fils en broche, & leuant les yeux voit l'autre penduë au plancher, la cholere & fureur le saisissent, & le portent à l'instãt droit vers la chambre où estoit la Damoiselle bien dolente & affligée en la consideration du forfaict execrable commis par elle? Le mary la voyant la veut mettre à mort, & luy faire porter la peine que miritoit son peché, mais la femme le voyant en telle fureur, se met les deux genoux en terre, disant Monseigneur ie vous prie qu'auant me faire mourir, me laissiez demander pardon de mes pechez au Seigneur Dieu & à mon protecteur sainct François: le mary le luy permet, l'oraison finie, poursuiuant sa cholere, met la main à l'espée pour luy oster la vie, mais voicy le Pere sainct François, qui n'abandonne iamais ses seruiteurs, s'aparoit visiblement, retient l'espee, & leur dit: Ne craignez pas, car ie ſuis pour vous: eux plains de joye & conſolation prindrẽt la moitié qui roſtiſſoit en broche, & celle qui eſtoit penduë au plancher, & les conioignans enſemble, l'enfant fut rendu au pere & à la mere par grand miracle & aſſiſtance du Pere Sainct François plus beau qu'auparauant, puis le Sainct diſparut apres auoir conſolé ſes ſeruiteurs.

Bening Lecteur, qui liſez & entendez vn miracle tant illuſtre, prenez exemple & ſoyez incité à deuotion vers le Seraphique ſainct François, qui ne manque jamais de prier le Seigneur Dieu & ſa Glorieuſe Mere la Vierge Marie pour ceux qui ſont ſes fidelles & deuots, comme eſtoit ceſte ſienne deuote ſeruante, laquelle au milieu de ſes tribulations, vainquit les tromperies du diable.

Imprimé à Milan en l'Imprimerie Archiepiſcopale l'an 1607. auec licence des Superieurs.

Depuis eſtant mis en François a eſté imprimé à Arras auec approbation.

Soit derechef imprimé. Faict à Douay le 15. de Feburier, 1608.

George Coluenere, Lic. & Prof. en la saincte Theologie, & Visit. des liures.

Ode à Sainct François.

QVelle langue suffit, ô vaillant porte-enseigne,
Ton nom assez loüer? nom dis ie tant insigne,
Nom qui peut appaiser l'Immense Majesté,
Du tout puissant Seigneur, des grands cieux irrité?
O François, qui tousiours d'vne main fauorabl
Assiste à tes deuots d'vn moyen charitable,
Qui dira sans errer les dons qu'as impetré
A celuy qui deuot a ton nom imploré?
Ie laisse cent & cent merueilles en arriere.
Que le grand Roy des Cieux: vaincu de ta priere
En ta vie, en ta mort, mesme viuant és Cieux,
A toute heure, en tout temps, a fait en ces bas lieux?
Ceste mere, non mere, & plaine de furie,
Qui a son propre fruict cruelle osté la vie?
Qui veut (ô cas estrange) en son sang se soüiller,
Et d'innocente chair sa faim rassasier?
Nous monstre assez combien est grãde ta puissanc
Puis que ta peux fleschir du grand Dieu la vengeanc
Et faire que l'enfant rosty, mort, & pendu,
Vif, entier, & gaillard, soit au pere rendu.
Pourquoy donc, ô mortel, auecque confiance
Au Pere Sainct François ne mets ton esperance?
Pourquoy son nom tressainct de toute affection
Ne prens-tu pour ayde en ton affliction?
Sus donc mets en ce Sainct, sans craindre, ta fianc
Si tu veux appaiser la diuine puissance:
Qu'il soit ton Aduocat, ton Patron enuers Dieu,
A toute heure, en tout temps, en tout affaire, & lieu.

www.ingramcontent.com/pod-product-compliance
Lightning Source LLC
LaVergne TN
LVHW052041160826
845678LV00003B/1474

* 9 7 8 2 3 2 9 6 3 1 7 0 7 *